LOS SIGNOS DE LA MEMORIA

Los signos
de la memoria

RICARDO POZAS HORCASITAS

POESÍA
FONDO DE CULTURA ECONÓMICA
UNIVERSIDAD NACIONAL
AUTÓNOMA DE MÉXICO

Primera edición, 2011

Pozas Horcasitas, Ricardo
Los signos de la memoria / Ricardo Pozas Horcasitas. — México : FCE, UNAM, 2011
97 p. ; 21 × 12 cm — (Colec. Poesía)
ISBN 978-607-16-0727-0

1. Poesía mexicana 2. Literatura Mexicana — Siglo XX I. Ser. II. t.

LC PQ7297   Dewey M861P664s

Distribución mundial

Diseño de interiores y portada: León Muñoz Santini

D. R. © 2011, Universidad Nacional Autónoma de México
Ciudad Universitaria; 04510 México, D. F.

D. R. © 2011, Fondo de Cultura Económica
Carretera Picacho-Ajusco, 227; 14738 México, D. F.
Empresa certificada ISO 9001:2008

Comentarios: editorial@fondodeculturaeconomica.com
www.fondodeculturaeconomica.com
Tel. (55) 5227-4672; fax (55) 5227-4640

Se prohíbe la reproducción total o parcial de esta obra,
sea cual fuere el medio, sin la anuencia por escrito
del titular de los derechos.

ISBN 978-607-16-0727-0

Impreso en México • *Printed in Mexico*

Aurora,
   para ti
      que siempre eres tú

La memoria
  evoca
    lo que no fue.

La poesía
 es la voz
  con la que pide
   el alma.

INÉS

Con la sonrisa de Inés
se abren hoy
las mañanas de mi vida

Te miro
 mirar
  desde el asombro.

Miro en ti
  la alegría que inicia,
   la boca que llegará
    al final   de la sonrisa.

Camino
   que contigo empieza
 camino que va,
    más allá del *aún*,
      y lo que somos.

Beso que sabe
 beso que enseña,
  beso que enseña
   a lo que sabe.

CALLE

    Caminar
             en el que voy,
                    y no.

Por aquí
   caminó mi infancia.
   Por aquí
      camino hoy,
            caminar
      en el que soy,
            y no.

REPETICIÓN

                    El azar
                    nos hace libres.

Vuelves a la costumbre de estar vivo.

Entras en el día
  y miras,
     cómo el cauce de las horas
cubre de reflejos,
            el opaco espejo   de tu rostro.

Te resignas al tumulto de las voces
    y oyes,
        en las variaciones   del tiempo,
            la repetición del mundo.

Regresas por la noche   a buscarte.

EL CÍRCULO DE LOS AÑOS

    1. *El año empieza*

El año empieza
        de nuevo
       en sus promesas
      cuando una mañana
             de febrero,
     la luz abre el tiempo
     y de pie,
         sobre el día,
            se alcanza a ver
              cómo se desdobla
                el horizonte
                  en entusiasmos.
Se miran
    hilvanadas las horas,
        sin recelo de la tarde,
y el porvenir
    no es uno más,
        sino de nuevo
            el primero.

II. *El año acaba*

El año acaba
   como siempre,
igual a su principio
      semejante a sí mismo
     diferente a los demás:
    junto a los otros años,
   arrinconado en el tiempo,
      anegado en la olvidadiza
     alegría
         de lo nuevo.

III. *El año sigue*

    El año

   se va   se va.
cuando   cuando
    vuelve.   vuelve

    El año

NOCTURNO SOLO

Para Malena Mijares

La zozobra
        de la luz
            crepita en el hueco
                de la noche
horno frío
        en el que sólo quedan
            los rescoldos de las horas
                consumidas en el arder
                    del día
calor avivado
        por el soplo
            del misterio
      moviendo itinerantes
          las imágenes
            de la soledad
            sobre la fría planicie
              del silencio
                nocturno.

El pasado
    no se fue:
        está en ti.

Se repite contigo
    te repites con él.

NOSTALGIA

Un hueco vaga
    por los rincones
        del cuerpo.

Busca en su desamparo
  la remota voz,
    el primer aliento
        que conoció la vida.

Palabra que siempre nos espera,
húmedo soplo
  con el que sueña la tristeza
      cuando la soledad
          reseca el alma.

Palabra que aguarda
    palabra que dice
        palabra que recuerda a la vida
      cómo partir de ahí
        donde los días saben
              a vacío.

CARACOL

> *Para Inés,*
> *que mira con alegría*
> *lo que nosotros*
> *ya no vemos*

Remolino
   moviéndose
      sobre la verde planicie
         de una hoja.

EVOCACIÓN

        Los muertos
        nos sorprenden   en los vivos.
        Siempre ahí,
        siempre en ellos.

Arrebatado
  por el olvido
el efímero
      brillo de la vida
se arremolina
      en el opaco azul
            de los recuerdos.

Frente a la muerte
el alma   se confunde,
  no entiende
     una boca sin voz
         en un cuerpo sin vida.

Llena de asombro,
   la mirada
      no reconoce
          lo que ve.

El miedo al vacío
    se vuelve el silencio
        que guarda nuestros recuerdos.

Con el tiempo
los muertos con los que vivimos
y aún no conocemos
nos sorprenden de nuevo
        en los instantes
           en los que la nostalgia
                evoca su ausencia.

LEGADO

Forma
      parte de mí
           lo no vivido.

Deambular
    del sueño
        en el vacío.

Camino recorrido
        por un desconocido.

Soy
    sin saber:
        materia de un
                olvido.

EL TIEMPO DE MI RELOJ

Tengo un reloj
    que cuida
        de su tiempo.

Sereno
    ni tiene horario
        ni tiene prisa.

Siempre atrás
    siempre arriba
        siempre distante.

Nunca igual
    a los demás
    siempre él
        siempre el mismo.

Sus manos
    sin tiempo
        siempre
            a des tiempo.

ESPERA

   Mi oído aguarda
     mientras tu boca
             duerme.

   Incierto espero
         lo que tu voz
            no ha dicho.

   Callado
     miro
       lo que tu cara
            sueña.

ALIENTO

    De regreso de ti
sigo el cálido camino
  de tu aliento
      por donde va
     el silencio
       en busca
           del mundo.

EMOCIÓN

    Me surgió un asombro:
un algo que siento,
  eso que aún
               no sé decir.

La
sorpresiva
 edad
cae un día
 como el fruto
 maduro
 de los años.

Se desprende
 silenciosa
 desde adentro

y nos encuentra
 confundidos
 con el ruido.

Hay quien sólo
      sabe de sí mismo,
se arrincona en su sombra
    se encierra en el ensueño
                  del espejo.

No puede
      voltear,
          mirar más allá,
               salir de él.

No sabe
     de la luz,
   desconfía del calor,
             sospecha.

MIRO A TRAVÉS
    del llanto
cómo se multiplica
        la luz
          entre sus gotas.

Acuoso cristal,
    emoción   borrosa
    que desdibuja
        las formas de la vida.

Líquido asombro
    en el que naufraga
        la mirada.

Lágrima:
    fruto que dan los ojos
    humedad que alivia
        la árida tristeza
          de la vida.

La noche
aquietó el asombro
 de estar juntos,
  nos fue dejando
   a cada uno
    en su deseo,
     hasta volverlo nuestro.

DESENCUENTRO

Hoy,
    la razón
        nos   grita
          que ha perdido
                la fe.

SIEMPRE

> Jaiku:
> es simplemente lo que está sucediendo.
> Basho

En este atardecer
      y
   como siempre
Hoy   también
   se está
      volviendo
          ayer.

¿Por qué siempre
    es un error
            la vida?

Nos hostigamos
por creer
  que somos el fruto
    y no la raíz
            de lo vivido.

Nos dejamos envolver
por el delirio
        del hubiera.

Ansiedad de haber sido
        otro,
        que nunca
                fuimos.

COMUNIÓN NO RESUELTA

> *A usted*
> *mi abuela,*
> *a su sufrida fe*

Perdonémonos señor
    el desencuentro.

Nos quedamos
        los dos
en el centro escindido
           de la vida,
unidos por la grieta
que guarda, en su hueco,
           nuestra
                espera.

Sepámonos los dos
mitades de la vida:
        viento y tierra,
              cuerpo y alma
                    de una herida.

Comunión
   nunca resuelta,
  enigma errante
     de la obstinada fe
          en busca del aliento.

Perdonémonos
       los dos,
si el perdonar
     resuelve
         el desencuentro.

Me vi,
   caído en el silencio
      que nombra
         el desamparo
            de lo ya ido.

He perdido
 la amistad
  que me tenía.

Ya no me busco
  entre lo mío.

Sólo miro pasar,
 mi desdibujada figura,
  desde la orilla
   de un silencio
    que cubre de sombras
     el camino.

Soy
    el que parte.

Me voy
de las quejas
        que me tengo,
de los miedos
    que obedecen
        a las voces
           que me siguen.

Me voy de mis recuerdos,
            lugares que visito,
territorios caminados
        en busca de mí
             mismo.

Huyo de la fe
      que un día
          me tuve.

Busco el blanco del vacío,
el punto donde empieza
        la línea:
            el camino.

Quiero deshacer el círculo
                        que soy.
salir de este andar
     que llega siempre
        al punto
           del que he partido.

Desolación
     que me lleva
        de lo que soy
           a lo que he sido.

Remueve
　　mi mirada
　　　　la vanidad,
　　　　　　en que te guardas.

Remolino
　　　　que te envuelve,
　　　　　　en la arrogancia
　　　　　　　　　　del deseo.

Te cambio el bullicio
　　　　　　en que te enredas,
por el instante en que mi mano,
　　reposa nuestras dudas,
　　　　sobre el azul
　　　　　　callado
　　　　　　　　de tu falda.

Vivir,
sin saber
   lo que vivimos.

Sin advertir
   que somos:

un giro
      en el azar
            del tiempo

una vuelta   más
      en el rodar
           del viento.

Vivir
   es algo
      que creímos nuestro.

> Es inútil, la tristeza
> será eterna.
> > Van Gogh

Hoy no quiero saber
ni de mi nombre.

Ya no me dicen nada
        las palabras,
el mundo se desvanece
           entre mis sombras.

Hoy no puedo ver
          ni lo que digo.

Me llena de miedo
         la tristeza,
me envuelve
    en el asombro
        la nostalgia
el recuerdo
    de mí
se vuelve
      ausencia.

Hoy quisiera volver
            a la alegría
de poderme prometer:
mirarme diferente
      y encontrar
          en el naufragio
                  al otro,
    a ese
        que también he sido.

Hoy estoy
     sólo   así,
        como sea,
      desdibujado
           en el tiempo
                desvanecido
                    en la vida.

VIAJE

>	Se es también,
>		el lugar
>			en donde se ha sido.

Caminar por el tiempo
		de los otros
Tiempo tuyo
		tiempo de ellos
			tiempo igual
				y diferente

Mirar
  la lejanía
    con que te ven
			mirarlos.

Tomar la distancia
		que se acerca a ti,
			moverte más allá
				de donde ha sido.

Andar para saber,
		que ellos son como tú,
			pero en lo suyo.

AMISTAD

Para Margarita Pierini

Converso
 contigo
y entre las pausas
 del silencio
  miro,
la mirada que nos lleva,
 hasta ahí:
en donde juntos
 somos parte
 de una tarde,
  de una luz,
  que se quedó
   dándole
   forma
   a un recuerdo.

SABER

> *Para Mónica del Villar*
> *Para Miguel Ángel*
> *Granados Chapa*
> *que me dice:*
> *"la poesía es lo que salva"*

Vivir
es bordear el hueco
　que está en el centro,
recorrer
　　ese vacío,
　　　hasta saber,
　　　　que es nuestro.

Los lugares visitados
los tengo   en el olvido
   en esa parte
         de mí
  donde las cosas
       y los nombres
 se cuidan
     de la memoria,
        que todo lo deforma.

LOS OTROS

Para Javier Garciadiego
También somos
la mirada
que nos ve.

A veces
    nos inventamos,
así
   sosegamos la mirada
              de los otros.

Se quedan en paz
        por un momento,
  los llevamos
      tranquilos
            de la mano.

Nos vamos
   con ellos
      por el día,
         caminamos de prisa
              entre sus horas.

Por un tiempo nos decimos,
    que estar en su mundo
           es lo que somos.

                El silencio
       es una lejana tristeza.

EN NUESTRAS BOCAS
anidan los silencios
que una vez
        fueron sonidos,
de las voces
        que nos dimos
    de las voces
        que hoy
            callamos.

Nuestros labios
    son silencio
        de la fe
        que nos tuvimos.

INTIMIDAD

>*Para Alicia Azuela*
>*y Fernando Magaña*

Una mirada
    de dos,
        cuando se miran.

Un trazo
    sobre al aire.

Un recuerdo
    dibujado
        en el silencio.

Para Diego Valadés
La creación no es una comprensión:
es un nuevo misterio.
CLARICE LISPECTOR

TRANSFIGURAR
la voz
hasta llenarla   de sonidos.

Transgredir el ruido,
limpiar con el silencio
 el viento.

Recorrer
  el secreto
    de las cosas,
      buscar
        en el eco
          de los vivos,
            descifrar el asombro
              de los muertos.

Volver sin miedo
  a la callada armonía que guarda
  el reencuentro de la vida,
            con sus dudas

Preguntar de nuevo
a la palabra,
         cómo se dice
                lo indecible.

Tu cuerpo
    guarda los secretos,
        que sorprenden
            nuestras vidas.

I. NOSOTROS

    Nos prometimos ser
        lo que creímos.

    Nos miramos
           a todos
                diferentes.

    Acabamos así,
        los dos
           y como siempre.

II. TAMBIÉN

> *Para María Matilde*
> *y Pablo Latapí*

Empezamos
 el mundo
  y lo creímos.

Tuvimos la fe
 que nos pidió
  la vida.

Volvió
 en nosotros
  la promesa
de ser
 sólo los dos
  y diferentes.

Hoy,
 estamos aquí,
  tú y yo
   y como todos.

Espérame siempre
   aunque no llegue.

Vuélveme tu nostalgia.

La callada pregunta
   que busca la respuesta
      en la mirada.

El indecible secreto
   que te sabe
      a silencio.

Guárdame en ti,
   donde sepas que estoy,
      aunque no quieras
         verme.

Para Herminia Pasantes

No alcanzo a descifrar
    el mapa de mi vida,
        no logro entender,
cómo llegué
        aquí,
donde se han anudado
        los caminos.

POEMA

> El poema:
>   te busca,
>   te habla,
>   te va diciendo
>   entre palabras,
>   cómo llegar a ti.

1. AMANTE

>Creyó
>   que la piel
>   era el secreto.

II. AMARSE

    Volvamos
        a decirnos
           lo ya dicho.

III. CONFIANZA

Hablemos los dos
  desde un mañana
    que sea sólo nuestro
      y no del tiempo.

Digamos
    qué vendrá.

Creamos
    en promesas.

Sepamos del camino,
    sin andarlo.

Mirémonos de nuevo,
    sólo los dos,
      sin lo vivido.

Para Patrycja y Marc

Nos tomamos del recuerdo
         y caminamos.

Seguimos
    la mirada
       que llega hasta
             nosotros.

Mirada
    que dice
        lo que somos,
  mirada
      que sabe lo que mira.

VER CÓMO LA MUERTE
  se apodera
        de todo.

Agrieta
    la vida,
doblega al cuerpo
    hasta acostumbrarlo
        a la tierra.

Arroja la mirada
      al suelo
    y la siembra
      de nuevo en el origen.

LA CITA

    En el atardecer
    un hombre
        y una mujer
contemplan
        en su timidez
           el deseo
              que los llama
                  y aún no se prometen.

> La realidad que vive
> en el fondo de un beso dormido.
> Vicente Aleixandre

La noche
   nos dejó
   en el húmedo silencio
              de los labios.

Nos guardamos
   los dos en la mirada

   y

   cerramos los ojos
      para que no huyeran
            los sueños.

COLLAGE

Collage: técnica de construcción
de una imagen a partir
de materiales cotidianos.

Trazos
    de un día
    buscando su lugar
            en el infinito
                  del arte.

> Una esperanza ahogada por la prisa.
> VICENTE ALEIXANDRE

Ya sólo quiero
   los bordes
      de la vida.

Mirar
   desde el perímetro
      el centro
lejos del punto,
  donde
     se arremolina
        el tiempo.

Lejos de ahí:
  donde el sonido hiere,
     donde las voces gritan
        donde el silencio muere.

> Ese contacto de dos cercanías
> que tan pronto es el mar
> como es su sombra erguida.
> VICENTE ALEIXANDRE

EL MISTERIO
que nos une
   es el mismo y diferente.

En él,
está el silencio y la tormenta
guardado el grito y la palabra
la amenaza de dejarnos
   la duda de quedarse,
     el miedo de mirarnos
       igual
         y como siempre.

MANO

Cuenco
donde la vida anegó
        las lluvias
            del tiempo.
Páramo
   labrado
     por el correr
          del viento.

Testigo ciego
     de mi andar
         a   tiento.

CARICIAS

    De tus manos
        brotan las sorpresas
            que nos llenan
                  de miradas.

EPITAFIO

Para Isabel,
mi hermana muerta

Sigue aquí
  quien vivió
    la vida
      en sus engaños.

Volvió del desamparo
    y continuó buscado
      en las promesas.

EPITAFIO FINAL

   Para los muertos:
    también
           morimos.

El curioso borde
　　　de un dedo
juega
　　　sobre el labio amado,
　　　　y en　el　húmedo　vagar
　　　　　recorre
　　　　　　　la forma que　tendrán
　　　　　　　　　　los besos.

A ti, que me miras hablar
desde generaciones remotas
de silencios

Si supiera callar.

Si perdiera el miedo
        a los silencios
vería más allá
    de los sonidos:
la boca
y el rostro en donde habita,
la mirada
    y sus reflejos.

Buscaría detrás
  de las palabras
      los secretos
guardados por los gestos.

Descubriría
    tras tu ausencia
      las olvidadas
        sorpresas
          de la vida.

Si supiera callar
    te escucharía.

Me dejaría llevar
    por el silencio
hasta los labios
    que cuidan
        de tu risa:
borboteo de la vida
    que espera paciente
      inventar
        de nuevo
          la alegría.

Si pudiera callar,
    me lo repito,
subiría
    por el aliento
      a tu mirada.

Vería
    la promesa
que espera,
    la emoción
      que aguarda
        ser oída.

Rompería el silencio
    en sus pedazos
      para mirar
        tu voz
        reacomodar
          el mundo.

DIME

    Cómo cuido del viento
        la llama de la voz
            con que me llamas.

    Cómo aclaro
        la luz,
    que lleva de mis pasos
            tras tu sombra.

    Dime,
    cómo salgo
        de una tristeza más
            sin mediodía.

    Cómo llego al borde de tu mano,
            toco tu voz,
    y siento el tacto de tu aliento
        humedecer la noche
            de la espera.

    Dime,
      cuándo regreso a ti,
          tendido a tu lado
            en la penumbra
              de tu ausencia.

MIRO
cómo se van quedando
        los años
                en los días.

Cómo al tiempo
        lo atrapó el pasado.

Cómo pesa más
        y más
            lo ido.

Cómo
se quedan
        las sorpresas, por vivir,
                en lo vivido.

Imagino tu mano
atreviéndose a insinuar
  una caricia
    una presencia
      una intención
        que apenas acerque
          el calor de la piel
            al desolado rostro
              que aguarda
                saber de alguien.

Para don Héctor Fix-Zamudio

La vida
    es una espera
   un creer dudoso
        y renovado
  una invención de todos
           todo el día.

Vivir
es moverse a tientas,
    caminar sobre una pausa.

Creer
     que se ve
        lo que se mira.

Prisa
    que se resuelve
    a cada instante,
      con un juicio final
        y pasajero.

Vivir
es una espera
    que avanza por el tiempo,
   una indolencia
      que acepta
        el desencanto.

Para Humberto Murrieta

Uno es

   tantos y diferentes

      como recuerdos tiene

         de sí mismo.

LA SIESTA

    Desvanecer
      la mirada
          en la mitad
            del día

    cerrar la luz
       y preguntar
             al sueño

   si vale
    la pena
      perseguir

          al sol.

No volvamos ahí
    donde supimos
        que estábamos llenos
            de imposibles.

Dejémonos   sólo
las promesas
    que
        nos dimos.

Recorramos
    de nuevo
        el entusiasmo
            que mira planicies
                y caminos.

Alegría
    que toca
        con la mano
            el horizonte.

No perturbemos
    al olvido,
dejémoslo tranquilo
        en sus secretos
mirándonos pasar
    desde la orilla
        de la vida.

LA CASA

Una casa es la arquitectura de las voces que la habitan, el lugar donde se escribe la gramática de la vida. Recinto donde conocemos el peso y el tamaño de cada letra.

La casa es la página en la que se dibuja la tipografía del tiempo.

CASA

Atrio de silencios :
                eco de voces vacías
monólogos de muertos
                    por boca de los vivos

NichO donde aguarda la sentencia
      que nos precede,   la única,
      de la que huimos siempre
           la que nos acompaña
                  toda la vida.

    Cerco que se repite
                  al   repetirnos.

casa   :

    hueco de voces
               gritos que el tiempo
                         se traga
por   las grietas
      de los desgastados
                  gestos

hendeduras de siglos   :   rastros amargos
    del silencio
        dibujando
                el litoral
                      de la palabra.

casa : caja

    de las mismas sorpresas
    urna
        en la que se consumen
            las cenizas del tiempo

lugar
    donde la memoria
        se recuerda a sí misma
*y vive **la angustia de no ser devorada por los olvidos***
*territorio **delineado por la bruma de los ritos,***
        remolino de pasados
fundiendo la sustancia de los cuerpos
    *que forman la **familia**,*
        la que nos habita :

EL TERRITORIO DE LA VOZ

La casa es el territorio de la voz y sus sonidos. En ella, en el perímetro de sus silencios, crecemos rodeados de ecos y rumores. Es ahí, entre los muros que forman nuestro mundo, que vemos por primera vez el rostro de las palabras y la cara de las letras, conocemos de la cautela por los tonos, sabemos de los sonidos que preceden a la risa y la música que envuelve un gesto amable. Atrapados por los nuestros, aprendemos que el deseo llega hasta el punto donde los otros le ponen fin. La casa donde crecimos es el molde donde se fraguó lo que hoy decimos.

Casa, lugar donde se escribe la gramática de la vida, recinto donde conocemos el peso y el tamaño de cada letra, universo de signos con los que se arman las palabras —nunca iguales, ni a sí mismas— y en donde cada una se modula de manera diferente, se dice distinto, según la hora, el día y el instante en el que tropezamos con las voces que nos hablan. Letras que rehacen las palabras: que enfatizan o reclaman, moderan y contienen, nos piden, seducen, o convencen. Voces que enseñan a la voz que aprende.

La casa es el espacio donde se forma la tipografía del tiempo, ahí sabemos por vez primera, que una coma tiene —en la boca de quien nos importa— una extensión mayor a la de un punto, que la mirada que envuelve una pausa puede ser un abismo o un laberinto y que una mueca se convierte en un sinuoso tejido de tonos y silencios. Es en ese tiempo, guardado entre paredes, cuando aprendemos que una oración no acaba en un punto, sino que sigue dando vueltas entre los gestos de una cara, hasta que expira en el hálito del tiempo. Es ahí, donde conocemos, que el cuerpo se acomoda a sus sentencias.

Escribir las emociones de una casa es trazar la arquitectura de las voces que la habitan, dibujar la manera en que los ritmos de la palabra van dando forma a los lenguajes del alma: es acomodar los blancos, dibujar las letras, ensayar los versos que dan forma a la voz y sus silencios. Es buscar sobre el papel, la escritura del enigma, que dice lo que somos.

EL LÁPIZ DE PICASSO

Un punto
que en su recorrido
              dibuja un cuerpo.
Una forma desprendida del tiempo
una ranura sobre el blanco
  un haz
      que abrió la vida
              al movimiento.

Un ser
      lleno de viento.

Una sombra
        que va   sobre la luz
una línea
    que llena de seres
            el tiempo.

Para Jorge Carpizo

MANO QUE ESCRIBE

Mano que brota
      del fondo

Mano que busca
    se atreve

Mano que avanza
 se rompe
      transgrede

Mano que aprende
     a buscar en lo incierto

Mano   que a tientas
      va rasgando
           el tiempo

Escribir,
es recorrer
   en un poema
      la poesía.

INCERTIDUMBRE

    Ando entre palabras:
        a ver
            si algún día,
              me digo
                  lo que busco.

ÍNDICE

La poesía... 10
Inés 11
Beso que sabe... 12
Calle.................................. 13
Repetición............................. 14
El círculo de los años.................. 15
    I. El año empieza.................... 15
    II. El año acaba 16
    III. El año sigue 16
Nocturno solo 17
El pasado... 18
Nostalgia.............................. 19
Caracol 20
Evocación 21
Legado................................. 23
El tiempo de mi reloj 24
Espera 25
Aliento................................ 26
Emoción 27
La sorpresiva... 28
Hay quien sólo... 29
Miro a través... 30
La noche... 31
Desencuentro 32
Siempre 33
¿Por qué siempre...? 34
Comunión no resuelta................... 35
Me vi... 37

He perdido... 38
Soy... 39
Remueve... 41
Vivir... 42
Hoy no quiero saber... 43
Viaje 45
Amistad............................... 46
Saber 47
Los lugares visitados... 48
Los otros.............................. 49
En nuestras bocas... 50
Intimidad............................. 51
Transfigurar... 52
Tu cuerpo... 54
   i. Nosotros......................... 55
   ii. También........................ 56
Espérame siempre... 57
No alcanzo a descifrar... 58
Poema 59
   i. Amante 60
   ii. Amarse 61
   iii. Confianza 62
Nos tomamos del recuerdo... 63
Ver cómo la muerte... 64
La cita 65
La noche... 66
Collage 67
Ya sólo quiero... 68
El misterio... 69
Mano 70
Caricias 71
Epitafio 72

Epitafio final	73
El curioso borde...	74
Si supiera callar...	75
Dime	77
Miro...	78
Imagino tu mano...	79
La vida...	80
Uno es...	81
La siesta	82
No volvamos ahí...	83
La casa	84
Casa	85
Casa:...	86
Casa: caja...	87
El territorio de la voz	88
El lápiz de Picasso	90
Mano que escribe...	91
Escribir...	92
Incertidumbre	93

Los signos de la memoria,
de Ricardo Pozas Horcasitas,
se terminó de imprimir y encuadernar en noviembre de 2011
en Impresora y Encuadernadora Progreso,
S. A. de C. V. (IEPSA), Calzada San Lorenzo, 244;
09830 México, D. F. La edición, al cuidado
de *Nancy Rebeca Márquez Arzate,* consta
de 1000 ejemplares.

14.95 WITHDRAWN 10/1/12.

LONGWOOD PUBLIC LIBRARY
800 Middle Country Road
Middle Island, NY 11953
(631) 924-6400
mylpl.net

LIBRARY HOURS

Monday-Friday	9:30 a.m. - 9:00 p.m.
Saturday	9:30 a.m. - 5:00 p.m.
Sunday (Sept-June)	1:00 p.m. - 5:00 p.m.